虎

生肖守護者

虛空藏菩薩

五明・編著

**虛空藏菩薩財寶、智慧如虛空廣大
守護生肖虎的人福祿雙全、虎虎生風！**

**工作戰鬥力滿滿
財運指數漲停板
記性過目不忘
家庭樂利安康**

序

　　很多人手上帶著佛珠、每天拿著香拜拜，到各個寺廟祈求神佛，希望神佛守護保佑，祈求神佛幫助自己增加財富、智慧、健康、好運等種種的心願，然而神佛那麼多，不知道要向哪尊祈請，真是令人難以抉擇。

　　但是，從今天起，你將知道自己的御守護菩薩是哪一尊，雖然你還是每天拜拜禮佛，但是你拜起來開始會不大一樣，因為你知道自己的守護佛菩薩，拜起來特別有親切感，也特別感受到佛菩薩的加持守護。

　　肖虎的人的御守護是虛空藏菩薩，虛空藏菩薩以廣大如虛空的智慧與慈悲攝持救護著我

們，從你知道他是我們的御守護佛菩薩的這一刻開始，生命就有了依怙，也許，生命的轉機就從此開始。

　　每天可以跟自己的御守護——虛空藏菩薩祈請、談心，可以超越以前只是單向拜拜神佛的關係，進步到直接與虛空藏菩薩溝通，直接領受佛菩薩的加持，想跟虛空藏菩薩請求不一定要到廟堂拜拜才行，祈求的方法隨時都可運用，讓自己在虛空藏菩薩的守護下，開創自己生命新的扉頁。

　　這本書，不但能讓我們了解，虛空藏菩薩的樣貌、願力、功德與最秘密的心要，還告訴我們如何祈請，才能取得御守護佛菩薩的秘密專線，讓我們的所有願求，能快速、直捷的傳達到虛空藏菩薩的心裡，使我們能擁有２４小時隨時隨地，如心隨護、護念著我們的虛空藏

菩薩。

　　將這本書帶在身邊，當你需要救護時，就隨時翻閱，照著書中的步驟，向虛空藏菩薩祈請。

　　虛空藏菩薩的慈悲與智慧是沒有差別的，隨順我們每個人的不同緣起，會有特別的相應與護佑。

　　因此，我們如果能夠隨順虛空藏菩薩的心，和他的悲心與願力相應，迎請虛空藏菩薩，隨時都住在我們的心中，我們也念念都安住在虛空藏菩薩慈悲智慧的心海中。必然，會得到虛空藏菩薩最快捷與不可思議的加持、護佑。

　　在未來的日子中，我們在虛空藏菩薩廣大如虛空般的守護之下，生命將無限延展升華，終致走向美好光明的境地。

祈願有求必應的虛空藏菩薩，守護一切生命吉祥、善願速疾圓滿。

　　南無　虛空藏菩薩

生肖
御守護
虛空藏菩薩

目錄

第 *1* 章　認識自己

尋找自己的御守護

 滿天神佛有事該向誰祈求？

在我們短暫卻又漫長的一生中，無可避免地會經歷生、老、病、死，以及快樂、悲傷、苦惱等等情境，當我們在面對人生種種的困境與層層的煩惱時，該如何是好？尤其有些生命的不安與恐懼，是連親如父母、夫妻、子女，或是朋友、親眷也無法替我們分憂承擔的，這時我們能向誰尋求庇護與依靠呢？

很自然地，向佛菩薩祈求護佑，是個既不欠人情，又隨call隨到的好方法。因為，佛菩薩慈悲遍滿，又不求回報，且無所不在，只

要我們虔心祈求，不論何時、何地、何境，都能給我們最即時的撫慰與救助，無疑是最好的靠山。

只是，佛菩薩有那麼多尊：釋迦牟尼佛、藥師佛、阿彌陀佛、大日如來、觀音菩薩、文殊菩薩、普賢菩薩等等，無量無邊的佛菩薩，我們到底該向誰祈請呢？該向哪尊佛菩薩求助最有效呢？

 ## 肖虎者的御守護佛菩薩

在日本，有一種流傳久遠的，相應於不同生肖，特別守護的佛菩薩，依於我們生肖的不同，每個人都會有一尊特別與我們相應、特別會秘密守護我們的御守護佛菩薩。

「御守護」一詞源自於日本，原是日本人用來祈福的幸運物、平安符。

11

日本各大寺廟神社更為了因應祈福者不同的苦惱與需求，發展出許多不同功能的御守護，諸如平安御守護、學業御守護、感情御守護、健康御守護……等等，由於製作精巧，廣受喜愛，不論自用或是送禮都十分適宜。

而中文的御守護又更加有意思，在日文「御」是敬辭，在中文，舉凡和天子、帝王沾上邊的，往往都會加上個「御」字，像是御用、御花園、御林軍等等。因此，御守護，除了原來祈福、保平安的意義之外，更成了帝王級最尊貴的守護了。

所以，如果我們平常沒有特別相應的佛菩薩，不妨依尋著日本這個生肖守護佛菩薩系統，讓御守護佛菩薩成為我們個人特別秘密的守護佛菩薩。

肖虎者的御守護佛菩薩即是虛空藏菩薩，

虛空藏菩薩
是我的御守護

我們每日向他虔心祈請，他會給我們特別、有力的護念與庇祐，這是我們人生旅程中，最強而有力的靠山與守護者。

除了我們身上喜愛戴著的有能量的物品，如手珠、念珠、護身符等，祈請專屬的御守護佛菩薩——虛空藏菩薩守護我們，將是最好的、最有加持力的守護保障。

關於肖虎者

　　知道虛空藏菩薩是自己的御守護佛菩薩，好像覺得比較安心，生命中有了依靠，再來就要反觀自己，透過了知自己的個性，再祈請虛空藏菩薩加持幫助我們超越自己的缺點與增長自己的優點，自己的生命就在虛空藏菩薩的加持下，開始有了轉機。

　　每個人都有自己的特色與長處，而肖虎者基本上有其性格上的共通點，我們藉由了解這些性格上的共通點，為自己做一些努力來超越自身性格的的限制，讓好的一面能夠更好，有缺失的部分能夠補足與超越。

　　但是不論我們是何種類型的人，虛空藏菩

薩都會守護我們，虛空藏菩薩會像母親守護小孩一樣，永遠護念我們不會離我們遠去。

我們最好從日常生活中觀察自己的行為，以及自己平常做事的態度與習慣開始，不斷積極地自我增長，並依此向虛空藏菩薩祈請，請虛空藏菩薩幫助我們，讓自己的個性更加圓滿，如此，藉由性格的改變來轉變自己的命運，是根本的改運好方法。同時，也會使我們與佛菩薩之間產生更好的互動關係與連結。

 ## 性格特質

·領袖性格

屬虎的人熱情奔放，天生具有冒險犯難的精神，個性活潑外向，無論外貌、姿態、舉止、談吐等都頗具大將之風，深具自信，是屬

熱情奔放
冒險犯難精神
活潑外向
具大將之風
有強烈的自尊心

外向、易衝動
好冒險、逞強
有俠義心腸
性情坦白磊落
喜歡獨來獨往

17

於天生領袖型人物，在群眾中總是吸引人們的目光。

屬虎的人自是甚高，有著強烈的自尊，獨立性強，果敢不屈，不善於妥協，有時明知自己理虧，卻很難拉下臉。所以，一般人認為屬虎的人排他性很強，因而很容易樹立敵人。

・外向、好冒險

個性外向，易於衝動，喜歡冒險逞強，容易有挫折感，但越挫越猛，雄心萬丈，對自己充滿信心。做事積極大膽表達自己，處事有霸道。一言九鼎說到做到，絕不反悔。

喜愛活動、好出風頭、有俠義心腸，性情坦白磊落容易贏得信任。性格剛毅頑強永不低頭，凡事不完成絕不甘休，凡領導之職務皆可適任。對任何事不太善於先作準備，他們不

會把東西囤積起來，以備將來不時之需。

・**具叛逆性、自我意識強**

屬虎的人天生喜歡接受挑戰，不喜服從別人卻要別人服從他們。頗具叛逆性往往過於自信無法與他人協調溝通，喜歡獨來獨往，經常表現極端性。

認識很多朋友但無法深交，固執己見，為達目的不擇手段，專橫霸道，物質慾望亦高。

旺旺小檔案

◆ **吉祥方位：南方、東方及東南方**

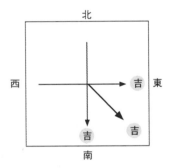

♣ **旺旺色：綠色、黑色**
　　須要幸運、好運者可多穿戴綠色或黑色的衣物及飾品。

♠ **富於智慧的顏色：紅色**
　　多穿戴紅色的衣物或飾品，將有助於智慧的開啟。

☆ **富於財富的顏色：黃色**
　　若要求財富，可多穿黃色衣物或佩戴黃色飾品。

肖虎的名人

屈原
BC343-BC278
戰國時代楚國的
臣子，《離騷》
是其代表作

嬴政
BC259-210
即建立我國歷史
上第一個大一統
的帝國。

張衡
78-139
天文曆算的大發
明家

顧愷之
342-406
曾代藝術大師，
世稱才絕、畫
絕、癡絕。

虞世南
558-638
唐初四大書法家
之一

唐寅
1470-15123
即唐伯虎，為詩
文書畫俱稱大家

生肖
御守護 虛空藏菩薩

李時珍
1518-1593
醫藥學家，為本
草綱目的作者

湯顯祖
1550-1616
明代最優秀的戲
曲作家，世稱中
國的莎士比亞

孫文
1866-1925
即孫中山先生，
為民主革命家

馬可波羅
1542-1324
義大利旅行家

貝多芬
1770-1872
德國大作曲家

瑪麗蓮夢露
1926-1962
美國著名影星

第 **2** 章　認識自己的
　　　御守護

誰是虛空藏菩薩

虛空藏菩薩是屬虎者的御守護佛菩薩，虛空藏菩薩具足無量無邊的福德與智慧的寶藏，功德廣大如同虛空一樣無盡。

佛陀眼中的虛空藏菩薩

在經典中，佛陀介紹了虛空藏菩薩，我們可以透過佛陀的眼睛來認識虛空藏菩薩。

佛陀是如此介紹虛空藏菩薩的：

他的廣大如同虛空一般；精進的程度如同風的速度一般；堅忍的強度如同不可毀壞的金剛一般；清明的智慧如同恆河沙一般無法度量。

虛空藏菩薩的功德，真的廣大如同虛空一般。

是所有菩薩的寶幢，是趣向涅槃的導航
者，集聚流佈善根的河池，貧者的寶瓶，冥暗
者的太陽，失道者的月亮，怖畏者的靠山，
煩惱病者的良藥……他的身即是諸佛的法器，
緣覺的華鬘，聲聞的衣服，諸天的眼目，人間
的正導，為畜生所依怙、餓鬼所歸依，地獄之
救護，眾生的法器，菩薩的智慧法車，三世諸
佛的輔佐，守護正法的城門，已能莊嚴佛十八
法，具足一切智。

　　佛陀是如此地從各個角度讚嘆虛空藏菩
薩，可見虛空藏菩薩的功德巍巍廣大，他具足
了無量無邊的福德與智慧的二大寶藏，猶如虛
空一般無盡，也因此他名為虛空藏菩薩。

虛空藏菩薩的名號

為什麼虛空藏菩薩的名號是「虛空藏」，在經典中記載了這個因緣。這是佛陀告訴連辯菩薩，虛空藏菩薩名為「虛空藏」的故事。

佛陀告訴連辯菩薩說，虛空藏菩薩就像一位大富長者，擁有很多的眷屬與無盡的財寶庫藏，而且毫不吝嗇的施行布施。

貧窮的人來乞討時，長者都會開啟大寶藏全部贈予他們，盡其所能給予法布施與財布施，讓所有的乞討者心滿意足，而且長者布施完，心中充滿喜悅毫不後悔。虛空藏菩薩就是像這樣的長者。

由於他施行布施德成就後，他以方便力迴向的緣故、他的戒律身良善清淨的緣故、獲得成就神足力的緣故、了知一切法如同幻化的緣

故，猶得如來神足力的緣故，於虛空中隨著眾生的需要，或給予法布施、或財布施，盡其所能來施予眾生，都能令眾生獲得滿足歡喜。由於以上的因緣，所以虛空藏菩薩以此方便智慧名為「虛空藏」。

• 「虛空藏」的意義

「虛空」是指如同虛空一般不可破壞，所以名為「虛空」。

而「藏」是如同有大寶藏，不論是自己需要的或旋予給他人，都不會貧乏，如來虛空的寶藏也是如此，一切利樂眾生的事業，都是從中出生無量法寶，自在受用不會窮竭，所以名為「虛空藏」。

認識虛空藏菩薩

虛空藏菩薩的相好莊嚴

由於虛空藏菩薩的福德廣大、威神不可思議，因此，這位菩薩身上自然具足種種莊嚴相好。同時，菩薩也以無量功德莊嚴自身。

我們在觀察虛空藏菩薩莊身相的同時，就佰受到虛空藏菩薩的加持與守護。他以講說解除眾生煩惱的話語，來莊嚴他的口，以安住於定境來莊嚴他的心，以記憶很多的法要來莊嚴他的心念，進入很多細微的法，來莊嚴他的心意。

虛空藏以隨順觀察法性來莊嚴行為的進

行，以堅固的誓願來莊嚴心念的純淨，以必定成就作辦來莊嚴自己的所作所為。他以捨棄自己所有的一切來莊嚴於布施，以清淨的心、良善的言語來莊嚴自己平常的行為，於所有眾生的心無有障礙來莊嚴於他的忍辱。

他將所有的事準備充足來莊嚴於他的精進，他以擅長了知煩惱習氣來莊嚴於般若智慧，為了救護眾生來莊嚴於他的慈心，安住於不捨棄任何一個眾生來莊嚴他的悲心，他的心中沒有一點任何的猶豫來莊嚴他的喜樂心，他遠離憎恨喜愛來莊嚴他的捨心。

虛空藏菩薩以分別眾生的行為修持，來莊嚴於他的智慧，教授眾生善法來莊嚴於他的覺性，獲得智慧明淨來莊嚴於他的慧明，獲得義理法辭來莊嚴於他的辭辯，摧壞魔與外道來莊嚴於一切無畏，獲得佛無量功德而自我莊嚴，

虛空藏菩薩的相好莊嚴

相好莊嚴的部位	相好莊嚴
口	講說解除眾生煩惱的話語
心	記憶很多的法要 進入很多細微的法 堅固的信念
慈心	為了救護眾生
悲心	不捨棄任何一個眾生
喜樂心	心中沒有一點任何任何的猶豫
捨心	遠離憎恨喜愛
行為	隨順觀察法性 必定成就作辦 清淨的心、良善的語言
布施	捨棄自己所有的一切
精進	所有的事準備充足
般若智慧	擅長了知煩惱習氣
智慧	以分別眾生的行為修持
忍辱	於所有眾生的心無有障礙
覺性	教授眾生善法
慧明	獲得智慧明淨
辭辯	義理法辭
一切無畏	摧壞魔與外道
自我	獲得佛無量功德
法	毛孔說法

常以毛孔說法來莊嚴於法。

　　虛空藏菩薩以像這樣無量的功德來莊嚴自身，他的功德真是不可思議。而且他的功德也展現在他的相貌上，具足無比的莊嚴。

 ## 虛空藏菩薩過去生的故事

　　透過虛空藏菩薩過去生的故事，我們可以更了解虛空藏菩薩之所以變成菩薩的行徑，及他如何加持我們的慈悲胸懷。

　　在過去無量阿僧祇劫*長久時間以前，當時的劫名為虛空清，在大雲清淨世界有一位普光明如來。

　　那時有一位名為功德莊嚴王的轉輪聖王，

───── 解說 ─────

・劫　視之為不可計算的長久年月時間，原為古代印度婆羅門教極長的時間單位。

他擁有非常多的宮女，個個都美如天上仙女，其中有二位大夫人，一位是德威夫人，一位是德光夫人。

有一天她們與國王到大樂莊園遊玩，二位夫人在一樹下，思惟著諸行無常的法要，就在這樣的思惟當中，二位夫人就各化生一個小孩，小孩長得非常端正特殊，身體還發出廣大光明，普照著莊園。

這時，空中的天人就唱說：「二童子，一名為師子，一名為師子進。」這兩個小孩剛出生不久後，佛陀即宣說偈頌來讚嘆功德莊嚴王。

功德莊嚴王聽了佛陀的偈頌，並親自見到佛陀的神通變化，他的菩提心就更為堅固，頂禮佛足向佛陀說，他希望世尊及菩薩弟子大

眾，接受他八萬四千年*的供養。

　　那時，世尊和大眾憐愍功德莊嚴王的緣故，便接受他的請求。功德莊嚴王知道佛陀接受了自己的祈請，心中非常的歡喜踴躍，頂禮佛足，向右遶行佛陀三圈便離開了。

　　當時，王子師子、師子進及二萬個王子象捨棄王位，出家修道，精勤修行，精進樂求善法。師子及師子進出家不久後，便獲得五種神通*而堅固不退。

　　佛陀知道這二人已經獲得神通，於是加持他們的神通的威神力，能常為眾生演說妙法。這二位比丘即在三千大千世界，從這個國家到

────── 解說 ──────

・當時的人壽命很長，可以擁有八萬四千歲以上的壽命。

・**五種神通**　指天眼通、天耳通、天足通、他心通、宿命通等五神通。

那個國家，四處遊行廣為眾生宣說佛法。

　　這二位比丘就這樣度化了無量阿僧祇的眾生，使他們堅固不退於無上大乘佛法之中。

　　那時功德莊嚴王已八萬四千歲了，為了聽聞佛法前往佛陀的處所，心中想著：「我的孩子們已經出家修道，常受供養，但是他們卻不行持布施，也沒有看見他們有什麼過人的法門，與其如此，不如返還家中，以捨棄財產來布施修習諸功德，就像我所種植的功德一樣。」

　　普光明王如來知道功德莊嚴王的心意，於是告訴師子進菩薩：「現在你示現出自在功德神力大菩薩變現神通，使在此的大眾通普得以親見聽聞，迴轉他們的不正確的想法，使他們能夠得致止見，降伏諸魔外道。」

　　這時，師子進菩薩即入於定中，示現出以

下各種神變；使三千大千世界產生六種震動*，
於上虛空中雨下種種妙物，有諸華香、末香、
塗香、繒蓋、幢幡，作種種天樂，美膳、飲
食、瓔珞、衣服、種種珍寶，全部都從空中
繽紛而下，如雨注般下著如此的寶物，滿足了
三千大千世界的眾生，大眾都生起大喜悅。

　　這時，從地神、諸天，上至阿迦膩吒天全
部都非常的歡喜踊躍，就異口同聲說：「這位
大菩薩可名為虛空藏，因為他可以從虛空雨下
無量珍寶，充足一切。」

　　這時，世尊即印可他名為「虛空藏」。

　　於是功德莊嚴王看見師子進作如是無量神
變，生起未曾有的清淨踊躍之心，捨棄憍慢
心，合掌向佛陀說：「真是稀有啊！世尊！

―――― 解說 ――――
・六種震動　大地震動的六種相貌。

菩薩功德智慧是如此的廣大，能夠自然雨下無量珍寶，充足一切終無窮盡。世尊！在家者的布施，其所利益的層面實在太少了，出家者以神通力布施沒有邊際。在家者布施不稱自己的心意，雖然布施了，但是心中還是存有吝惜的心，而且以之為苦惱；出家者布施能適合自己的心意，而且不會吝惜也不會生起苦惱。」

那時，功德莊嚴王即捨棄王位，將王位傳給兒子吉意，以真實的信心剃除鬚髮，於佛法中出家修道。

 ## 虛空藏菩薩的住處

虛空藏菩薩的住處，在各個經典中有不同的記載，分別在東方、南方、西方都有處所，它們分別是大莊嚴世界、香集世界。

此外，虛空藏菩薩也以神力，變化我們所

居住的世界——娑婆世界為淨土*世界。

・東方的大莊嚴世界

關於東方大莊嚴世界，是距離我們居住的世界東方經過八佛世界微塵數等佛土，有一個世界名為大莊嚴，那裡有一位佛陀名為一寶莊嚴如來。

這世界為何名為「大莊嚴」呢？因為廣說這世界莊嚴的事情，即使一劫也無法說完，所以這個世界名為大莊嚴。

在這個大莊嚴剎土的一寶莊嚴佛所，有一位菩薩摩訶薩名為虛空藏，以種種偉大的莊嚴來自我莊嚴。這是虛空藏菩薩的住處。

解說

・淨土　指清淨的佛土、佛國。

·南方的香集世界

　　虛空藏菩薩於南方的住處是香集世界，這世界的佛陀是勝藏敷藏如來。

·西方的一切香集世界

　　虛空藏菩薩於西方的住所，勝華敷藏如來的處所是一切香集世界。曾與十八億菩薩來拜訪娑婆世界，宣說破惡業障陀羅尼，令眾生獲得福德，滿足所有的願望。

·以神力變化娑婆世界為淨土

　　當佛陀釋迦牟尼住於佉羅底翅山時，為大眾宣說《四辯才三明梵行住破惡業障陀羅尼》時，虛空藏菩薩從西方一切香集世界的勝華敷

藏佛所，來拜訪娑婆世界，而且以他的神力變化娑婆世界為淨土，令一切大眾的兩手都有如意摩尼*寶珠，而且由摩尼珠寶內放射出大光明，遍照世界，並演奏天樂，流出種種寶物。

　　當時虛空藏菩薩摩訶薩以其神力變化娑婆世界，除盡眾污穢邪惡，及諸山岳、瓦礫、荊棘、坑坎、堆阜、曠野、險隘、風塵、雲霧皆悉澄清潔霽。七寶所成的大地平坦如掌，無量眾寶以為林樹，枝葉花果全部都是由寶物所成，名花軟草也全部都是如此，香氣芬烈普薰著世界。

　　娑婆世界中的眾生都沒有一切的苦患，盲聾、瘖、癃殘、百種疾病一時全部除癒。其中

── 解說 ────────

· 摩尼　意譯為珠、寶珠。為珠玉的總稱，這寶珠會隨著心意而改變顏色，所以是如意摩尼。

的怨惡者全部都生起慈心，地獄、餓鬼諸痛楚的聲音也都止息了，飲食、衣服、莊嚴的器具自然豐足。

居住於其中的眾生都長得容貌端正好看，身體支節具足，威德第一，除去眾多煩惱，心中得到寂靜祥和，於諸多的善根深深生起欣樂，以清淨敬信安住於三寶。

一切大地、草木、叢林、華果、枝葉，全部都發出妙聲，宣暢大乘六波羅蜜的行法，聽聞到這聲音的人，於圓滿究竟的無上菩提道皆不退轉，亦有到達無生法忍*境界的人。

―― 解說 ――

·無生法忍　無生是指諸法的實相是空，並沒有真實的生滅現象，而體解無生無滅的道理，安住其中而不動心。

虛空藏菩薩的相貌

　　菩薩們為了救度眾生常常示現不同的樣子，除了菩薩相之外，還示現比丘的形象，以及其他為了救度眾生而示現的種種不同的樣貌。

 ## 主要形象

　　虛空藏菩薩主要的形象是：身體是肉色的，頭上戴著五佛寶冠，右手彎曲，手中握著寶劍，寶劍的劍緣充滿著光明的火焰，他的左手放在腰上，手握拳頭拿著蓮花，蓮花上面有如意寶珠。安坐在寶蓮花上。

　　每位菩薩的持物都有著象徵的意義，如意

・身體肉色

・五佛寶冠

・劍緣充滿光明的火焰　　　　　　　　　・五佛寶冠

　　　　　　　　　　　　　　　　　　　・蓮花上有如意寶珠

　　　　　　　　　　　　　　　　　　　・蓮花

・身體肉色

・握著寶劍

　　　　　　　　　　　　　　　　　　・安坐在寶蓮花上

虛空藏菩薩最常見的形像

寶珠代表福德，寶劍代表智慧，亦即其內證的
智慧。

虛空藏菩薩在金、胎兩界的形象

虛空藏菩薩頭上戴著五佛寶冠，表徵萬德
圓滿的果德，身上所穿的衣服表徵十波羅蜜菩
薩。這時他的密號為如意金剛。

這是虛空藏菩薩在密教胎藏界曼荼羅中，
虛空藏院的主尊形象。

另外虛空藏菩薩在釋迦院為釋迦牟尼佛的
右方脅侍。

在釋迦院中虛空藏菩薩的形象是右手豎
掌，屈食、中指，執白拂；左手覆拳安於臍
處，手持蓮花，蓮花上有寶珠；身上披著天
衣，立於一平敷的蓮華座上，面稍向左方。

胎藏界虛空藏菩薩

這是胎藏界、金剛界
的虛空藏菩薩

金剛界虛空藏菩薩

45

密號為無盡金剛。

此外，虛空藏菩薩亦為金剛界賢劫十六尊
之一。

此時虛空藏菩薩位於金剛界外院方壇南方
四尊的第三位，又稱金剛幢菩薩、寶幢菩薩。
菩薩的身體呈現白肉色，左手握拳，按於腰
上；右手持蓮花，蓮花上有寶珠。

以上是虛空藏菩薩在金、胎兩界曼荼羅中
的形象。

而經典中描述的虛空藏菩薩，頭頂上有紫
金色的如意寶珠。若見到如意寶珠時，同時可
見到天冠。在此天冠中，有三十五佛*的形象
顯現，而如意珠則有十方佛像顯現。

虛空藏菩薩的身長二十由旬，如果示現高

·五佛寶冠
　萬德圓滿的

·右手持劍
　內證的智慧

·左手持蓮花，上有寶珠
　一瓣表表實相的菩提心
　三瓣表胎藏的三部
　五瓣表金剛界的五智

·身黃金色
　彰顯虛空藏菩薩的果德

·衣服表十波羅蜜

虛空藏菩薩身像的表徵意義

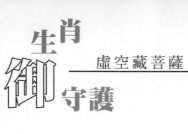
經典中描述虛空藏菩薩的形象

經典名稱		持物‧印契	身色	頭冠	變化身
虛空藏菩薩經	（後秦）佛陀耶舍			頂上如意寶珠	種種變化身
虛空藏菩薩神呪經	（劉宋）曇摩蜜多			頂上如意寶珠	
觀虛空藏菩薩經	（劉宋）曇摩蜜多	手持如意珠王		三十五佛	比丘像及其切變化象
虛空藏求聞持法（求聞持軌）	（唐）善無畏	左手持白蓮華。華台上如意寶珠。右手持與願印。五指伸	金色	五佛	
大虛空藏菩薩念誦法（大虛空藏軌）	（唐）不空	左手當心仰掌，持如意寶。			
一字佛頂輪王經	（唐）菩提流志	左手持當胸持花右手上仰置於右髀上，手持如意珠			
不空羂索神變真言經	（唐）菩提流志	左手持枝花葉。右手持掌寶			
念誦結護法	（唐）金剛智述	左手施無畏。右手青中蓮花、花頗梨寶	紫金色	五佛	

48

八大菩薩曼荼羅經	（唐）不空	左手持寶安於心上 右手施願印，有無量寶流出			
仁王經護國般若念誦儀軌	（唐）不空	手持金剛摩尼（金剛如意寶）			
大日經卷一具緣品	（唐）善無畏・一行	刀持。刀有炎光生起			
大日經卷三轉字品	（唐）善無畏・一行	手持揭伽	白色		
攝大軌	（唐）輸婆迦羅	持刀。刀有光焰生起			
理趣釋	（唐）不空	左手施願印 右手持金剛寶			
青龍軌（法全集）	（唐）法全	持大惠刀印			
秘藏記虛空藏院		左手持開敷蓮華、華上有如意珠玉寶 右手持寶劍			
秘藏記釋迦院		左手蓮華、華上如意寶 右手白佛			

大身，便與觀世音等同。

　　虛空藏菩薩的身高是二十由旬，由旬是印度計算里程單位，一由旬可換算為四十里。依此算來，虛空藏菩薩長的非常高大，與我們人類目前的身高不成比例，不過有如此高大的虛空藏菩薩守護，實在令人感到很安全。

　　虛空藏菩薩還有示現種種不可說盡的形象，以下就選擇一些形象列於圖表。

 ## 五大虛空藏菩薩的形象

　　此外，虛空藏菩薩還有五大虛空藏的說法，五大虛空藏菩薩是從大虛空藏菩薩的五智所開出的五尊，是大日如來、阿閦佛、寶生佛、阿彌陀佛、釋迦牟尼佛五佛各住於如意寶珠三昧之義，五大菩薩即五佛所變現，成就五智三昧，而成立此五大虛空藏菩薩。

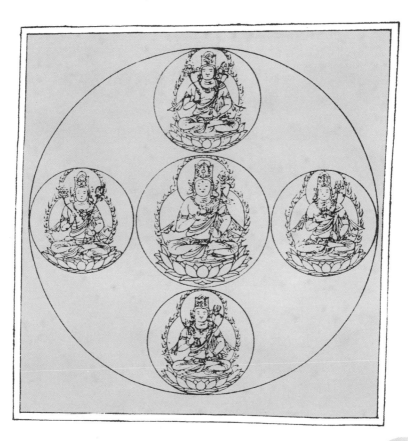

五大虛空藏菩薩

《瑜伽瑜祇經》記載了，五大虛空藏菩薩的形象，這五大虛空藏菩薩是位於一大圓明中的五圓，中圓畫白色的法界虛空藏，左手執鉤，右手持寶師子。

　　前圓（東）畫黃色的金剛虛空藏，左手執鉤，右手持寶金剛。

　　右圓（南）畫青色的寶光虛空藏，左手執鉤，右手持三瓣寶，放大光明，乘馬。

　　後圓（西）畫赤色的蓮華虛空藏，左手執鉤，右手持大紅蓮華，乘孔雀。

　　左圓（北）畫黑紫色的業用虛空藏，左手執鉤，右手持寶金剛，乘迦樓羅鳥。總印的印相為外五鈷印，二中指作寶形，並在其餘四指的尖端觀想寶形。

虛空藏菩薩的咒語與手印

　　咒語（梵名mantra曼怛羅）在密教的修法中，有著核心的地位。事實上，離開了咒語，密教的秘密事項，就無法成立了。

　　咒語是宣說如來真實的秘密境界，直顯如來身體、語言、心意三密中的語密，顯示出如來的言語是真實且契合真理，全無虛妄之處，所以才稱之為咒語。而且咒語能照破無明迷暗，使修行者能證得圓明清淨，引發慈悲、智慧、神通及各種禪定三摩地，消除災患。

　　因此，多多誦持虛空藏菩薩的咒語，可獲

得不可思議的加持力。

在密教的修法中，常常口誦咒語，手會結手印，手印，又稱為印契，現在常常是指密教修法時，修行者雙手與手指所結的各種姿勢。

佛菩薩及本尊的手印，象徵著他的特殊願力與因緣，所以當我們與他們結相同的手印時，會產生特殊身體的力量和意念的力量，這是相應於佛菩薩身的身心狀況。

在密教中，手印屬於佛菩薩身體、語言、心意三密中的身密。

廣泛的身密不是只有手印而已，任何的體姿都是屬於身密的範圍。

我們平時看到佛菩薩本尊等的圖像、塑像，多是以他們身上的持物或手印來判定其尊名。

其實，不論是阿彌陀佛、釋迦牟尼佛、不

動佛或藥師佛，在他們住世的過程中所結的手
印也有彼此相同的。所以，用手印及持物來判
斷是哪一尊佛菩薩，也不是絕對的分辨方法。
倘若單一的來看各個佛象，從手印還是可以了
知他們特別的願力、因緣及特別的悟境，乃至
其成道、說法時的特別狀況。

　　由於虛空藏菩薩的咒語與手印，將二者一
起配合如下：

空藏手印㈠—三昧耶印

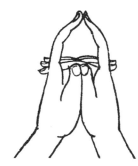

結金剛縛印，兩手頭指反麼如
寶形，大指並豎當心。在此金
剛縛為外縛，在《白寶口鈔》
中則詳述，為內縛之義，此為
虛空藏菩之根本印。

【真言】

南牟	阿迦捨	揭婆耶	唵
nama	ākāśa	garbhāya	oṁ
摩哩	迦麼唎	慕唎	莎縛賀
māli	kamali	māuli	svāhā

虛空藏手印㈡

虛心合掌，以兩拇指並曲，插入掌內，此乃胎藏部之虛空藏，真言同前述。

虛空藏手印㈢

右手五指向上仰予以伸展，食指、拇指相捻，如捻香狀，食指第二節彎曲，但第一節儘量伸直，或者右手作拳，食指、拇指相捻如寶形，真言同前述。

虛空藏手印㈣—虛空藏印

此為胎藏曼荼羅釋迦院中虛空
藏菩薩之手印，名虛空藏印。
結法為虛心合掌，二食指屈在
二中指下，拇指入掌中。

【真言】

南麼　　三曼多勃馱喃

namaḥ　samanata-buddhanaṃ

阿迦奢三麼多弩蘗多

ākāśa-samantānugata

微質怛嘓嚩　囉達囉　莎訶

victrambā　　radhara　　svāhā

虛空藏手印㈤

此為胎藏曼荼羅虛空藏院之虛空藏菩薩手印。結法為虛心合掌，二拇指屈入掌中，二食指屈附二拇指上。真言同前。

虛空藏手印㈥

此印出於《理趣經》五段，與前虛空藏三昧耶印同。雙手外縛，兩食指成寶形，兩拇指並立，置於頂上。

虛空藏菩薩的種子字

　　種子字的「種子」是以草木的種子為比喻，含有引生、攝持的意義，密教常以「種子字」來作為諸尊的表徵。

　　虛空藏菩薩的種子字為：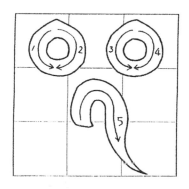 伊（i）

虛空藏菩薩的種子字、伊

虛空藏菩薩的三昧耶形

　　三昧耶形在密教中是表示佛菩薩誓願的形相化。

　　虛空藏菩薩的三昧耶形為寶珠，這寶珠表能滿足一切眾願。

虛空藏菩薩的
三昧耶形寶珠

第 **3** 章　祈請守護

怎樣拜最靈

　　在《虛空藏經》中說，如果有人稱誦虛空藏菩薩的名號，點沉水香，禮拜供養，虛空藏菩薩會為我們示現各種形象，有：佛身、菩薩身、忿怒王身、國王、長者、比丘、比丘尼、天龍、夜叉、父母、妻子、親戚朋友或是動物等，示現各種相應的因緣的形象來幫助我們，他的形象真是無量無邊。

　　因此我們如果能像經中所說的，可以在自己的佛堂前焚點沉水香，禮拜供養，稱誦虛空藏菩薩的名號，虛空藏菩薩也會以種種不可思議的方便、形貌來濟度我們，這應該是最靈驗的。

·稱誦虛空藏菩薩的名號

·點沉水香

這樣拜很靈喔!

·禮拜供養

65

如何禮拜虛空藏菩薩

既然虛空藏菩薩特別守護肖虎者，要如何與他溝通？如何祈請虛空藏菩薩的守護呢？

最簡單的方法是稱念虛空藏菩薩的名號，就能與虛空藏菩薩溝通。

當然，若環境許可，我們最好供奉虛空藏菩薩的尊像。如果有正式的佛堂就供在佛堂上，如果沒有則選一張你最喜歡的虛空藏菩薩的法相，安置在一個清淨的地方，例如書桌前，每天早上奉茶上香拜拜。

我們可以透過拜拜，告訴虛空藏菩薩我們的請求，祈請虛空藏菩薩守護幫忙。

上香前，請先清淨身體，最基本的一定先將手洗乾淨，或是洗澡沐浴乾淨，然後上香供養虛空藏菩薩。

供香的姿勢可採站姿或是跪姿，向虛空藏菩薩默聲說出想要說的話或是心願，然後再將香放置於香爐中。

　　接著跪拜頂禮*虛空藏菩薩，拜完三拜，起身問訊，即完成簡單的拜拜儀式。

　　禮拜菩薩時我們可以最高的禮敬來頂禮虛空藏菩薩，方法如下：

　　先雙手合掌，然後屈膝下跪，再將右手置於前方地上以支撐身體的重心，接著放下左手前進一步，右掌隨之前進，讓雙手放在地上，

───── 解說 ─────

・如何跪拜頂禮　頂禮的由來原是印度人最高禮敬的方式，以兩膝兩肘及頭著地，以頭頂敬禮，雙手承接所禮者的雙足。所代表的意義是以身體最高的部位──頭頂，來碰觸所禮敬者最低卑的雙腳，象徵最高的禮敬。

67

再以頭觸地，然後雙手翻掌承接虛空藏菩薩的雙足。

起身時，手掌向上的雙手，翻掌為向下，撐著地面右手先收回，將身體支撐起來，再緩緩起身直立，起身後問訊就完成頂禮。

如果心中有所祈求，可以繼續跪著，心中默想祈求的事，可嘴巴默念或心中想，告訴虛空藏菩薩讓他明瞭，他會收到我們的訊息。

如果場地有所侷限，不方便跪拜頂禮，可以行問訊禮。

—— 解說 ——

・問訊是：雙手先合十敬禮，合十的雙手跟著往下順勢做問訊的手印，即：左手的後三指往內屈指，右手的後三指覆於其上，二食指豎直指尖相接，二大拇指也豎直相接。再將手印舉至額前禮敬，然後將手印收至心輪散印。

1. 清淨身體

2. 奉茶

3. 上香供佛

這樣拜我也會！

4. 跪拜頂禮虛空藏菩薩

　　所以進寺廟，看見佛菩薩也可以用問訊禮
敬。

如何祈請虛空藏菩薩

祈請時我們可以先跟虛空藏菩薩自我介紹說：我是某某，幾年幾月出生。

祈求解除煩惱

然後說出自己的問題煩惱，請求大慈大悲的虛空藏菩薩，慈悲自己幫忙解決煩惱的問題。

如果心情不好，或是有心事、委屈、煩惱，難以決定的問題，也可以在此時傾訴給虛空藏菩薩聽，虛空藏菩薩就像自己最親近的長輩，虛空藏菩薩慈悲的注視著自己，傾聽自己的訴說。

祈求超越自我

　　如果沒有事情需要幫忙解決，也可以告訴虛空藏菩薩自己的志向，像是想要在自己的專業上成為一位頂尖優秀的人才，成為一位好的管理者等等。也可以期許自己能夠像虛空藏菩薩一樣，作一位富有的企業主，佈施給需要幫助的人，滿足大家的需求。然後想像虛空藏菩薩已經答應自己的請求。

　　如果知道自己的個性上的缺點，也可以告訴虛空藏菩薩，希望自己的缺點能夠改進，個性有所超越。例如自己是小氣家族的成員，不論對自己對別人都很吝嗇，就跟虛空藏菩薩祈請說：我希望能改變自己吝嗇的個性，學習像虛空藏菩薩一樣能夠廣大的施予別人，希望虛空藏菩薩能滿足自己的心願。然後想像虛空藏

菩薩微笑的應允自己的祈願。

　　或是覺得自己智慧不具足，請求能像虛空藏菩薩一樣擁有如虛空般廣大無盡的智慧，然後想像虛空藏菩薩很歡喜的答應自己的請求。

　　凡是積極向上的心願，我們都可以祈請虛空藏菩薩的慈悲守護。

 ## 圓滿答應的動作

　　當我們說完自己的心願時，很重要的一件事，就是要想虛空藏菩薩很高興的答應我們的請求。不要只是說說就算了，這個動作一定要完成。

　　但是更重要的是，我們不可有不好或邪惡的祈求，如此會導致不好的結果。請三思而行。當我們心存善念時，很多事才會順利進行，累積良善的因緣。

73

祈求完，想像虛空藏菩薩歡喜答應自己的
請求，然後作迴向，祈願一切圓滿吉祥。

召喚虛空藏菩薩
的守護

 咒語的召喚

　　與虛空藏菩薩連線溝通的方式，最直接的就是誦念呼喚虛空藏菩薩的特別暗號，這暗號就是虛空藏菩薩的咒語或是名號。

　　就像是我們要找某人時，就打電話給他，這暗號就像是電話號碼，因此，只要我們誦念虛空藏菩薩的真言咒語或是名號，虛空藏菩薩就會聽到我們的呼喚祈請。

　　如果能誠心專一地恆常持誦，並與虛空藏

75

菩薩的心相合，待功力深厚，甚至還可以得到
虛空藏菩薩的守護線號碼喔！

出自內心的祈請

　　我們呼喚祈請虛空藏菩薩時，一定要出自
內心真誠的祈請，因此，我們平常就要常常誦
念虛空藏菩薩的真言咒語，與虛空藏菩薩保持
良好的互動關係，當我們需要虛空藏菩薩的守
護幫忙，才能產生良好的效果。

養成誦念咒語的習慣

　　所以我們要養成誦念虛空藏菩薩咒語的習
慣，剛開始，可以先規定自己從五分鐘開始誦
念，然後十分鐘，慢慢增加誦念的時間，或是
沒有特規定時間隨時想到就誦念虛空藏菩薩的
真言。每天在心中默念，真言的次數越多越

好，永遠不會嫌多。

念誦時間不拘，可以選在每日晨起禮佛祈請時念誦；若晨起要趕上班沒時間，也可選在每日較能靜心的一小時間持誦。現代人生活步調緊湊繁忙，若真沒有時間，也可利用搭車、走路、等待的零碎時間持誦咒語，這也是很好的辦法。

當然，若能作到隨時隨地心中都在誦念虛空藏菩薩的咒語，那是再好不過的了。

工作時，如果遭到老闆的責罵，心中可以默念著虛空藏菩薩的真言，這時你會發現自己的心情轉變了，彷彿老闆的責罵聲都變成了虛空藏菩薩的咒聲，非常的奇妙，自己的心境也會產生很大的變化。慢慢的，虛空藏菩薩的守護顯得更緊密，而自己與虛空藏菩薩的溝通管道也愈加暢通。

念咒時，心中默念即可，嘴巴不必發出聲音。

時常憶念虛空藏菩薩

還有，我們也可以憶念虛空藏菩薩的功德、慈悲、誓願以及憶想虛空藏菩薩的尊像，這也是一種召喚的方式。

常常想虛空藏菩薩的樣子，想的越清楚越好，憶想虛空藏菩薩會帶給我們心靈很大的能量與寧靜，特別是當我們很困頓很煩惱時，如此思念虛空藏菩薩，虛空藏菩薩會帶給我們很大的慰藉。而且這樣的憶想虛空藏菩薩，虛空藏菩薩也會慢慢影響自己，你會慢慢發現自己的改變，自己因為虛空藏菩薩的守護而產生許多的變化。

我們憶想虛空藏菩薩時，可以想像一尊很

大很大的虛空藏菩薩，憶想他在我們對面，或是在我們的頭頂，或是心輪中甚至觀想自己就是虛空藏菩薩。

　　或許有人會想說自己怎有膽子觀想自己是虛空藏菩薩，這太不敬了。其實佛菩薩都是來幫助我們成佛的，所以這樣的方法不僅沒有不敬的意思，反而更能迅速親近虛空藏菩薩。

　　但是要注意的是：如果因為這樣的練習，產生我慢，認為自己是虛空藏菩薩，而其他人都要拜自己這個虛空藏菩薩，這就是誤入歧途了，這是要小心的。要了知，如果自己是虛空藏菩薩，那麼其他人也都是虛空藏菩薩，大家都是虛空藏菩薩，自他平等不等，無二無別，也沒有執著，就沒有這個問題。

加強咒語能量的召喚

此外，可以將前面兩個方法結合起來，也就是想像我們自己就是虛空藏菩薩，虛空藏菩薩誦念自己的咒語，或是心中的虛空藏菩薩在誦念咒語，或是自己的身體裡面有滿滿的虛空藏菩薩都在念誦真言。這些方法都很好，會使得咒語的能量更強，虛空藏菩薩會更密切的守護我們。

更升級版是：想像我們全身化為光明在誦咒，真言的音聲也是光明。甚至連呼吸的氣息都是光明的，都是大悲咒的光明。

如果能用以上的方法來親近虛空藏菩薩，慢慢地你會感受到虛空藏菩薩無限加持守護的能量。

· 口中念誦虛空藏菩薩
的聖號或咒語。

· 如心中默念虛空藏菩
薩的聖號或咒語

與虛空藏菩薩
溝通連線的方
式還不少呢！

· 如心中憶想虛空藏菩薩

· 想像自己就是
  虛空藏菩薩念誦咒語

· 心中的虛空藏
  菩薩念誦咒語

· 想像身體中有
  滿滿的虛空藏
  菩薩念誦咒語

· 想像全身化為
  光明誦念咒語

82

·念咒的計數器具

　　虛空藏菩薩的咒語或名號我們平常可以在心中默念，但是如果有計數器或是念珠來計數，是可以使念咒的數量比較明確，一方面激勵、提醒自己，一方面可知道自己與虛空藏菩薩作了多少溝通，有時心情比較紛亂時，手持念珠或計數器也可幫助自己收攝飄浮雜亂的心思。

　　一般的計數器或是念佛器，念一遍咒按一下計數器，可以很清楚了知自己的累計數量；如果有戴手珠或念珠的習慣，也可以用珠子來計數。

　　如果不喜歡或不方便隨身戴這些東西，就以手指頭來計數。我們有十個手指頭，每個指頭都有指節，我們每持一遍咒語、名號就以大拇指依次按一個指節來計數，這也是很好很方便的方法。

計數器

念珠

我可以用什麼計數器來計數我念了多少遍咒語名號？

十個手指頭

與虛空藏菩薩的
相應方法

　　虛空是無可壞處，而虛空藏菩薩的功德就如同虛空一般廣大，我們觀想虛空藏菩薩，與虛空藏菩薩的身、語、意相應，祈請虛空藏菩薩的守護，將比只是單純禮拜菩薩的形體，而不了知虛空藏菩薩的心，要來得威力強大。

　　依隨著以下的步驟來觀想虛空藏菩薩，練習純熟後，只要一觀想虛空藏菩薩即在眼前，而能夠即時得到虛空藏菩薩的加持。

觀想方法

1. 於自心中，觀想一輪圓明的滿月。

2. 圓明的月輪上現起訖哩 字。

3. 訖哩化成一朵大寶蓮花。

4. 蓮花上現出阿 字。

5. 阿字再化為清淨的滿月輪。

6. 於月輪中現出伊 字，放射出遍照的光明。

7. 光明再返照而化成如意寶，如意寶光明遍照整個法界。

8. 如意寶變成虛空藏菩薩。

虛空藏菩薩身為赤黃色，赤黃色的身體如彩虹一般無實，如太陽的光明，內外清淨光明通透，內外清淨明朗，面容愉悅，其威光顯赫奕奕，光明遍照法界。

頂上五佛寶冠垂吊著珠鬘，跏趺雙盤安坐在寶蓮花上。

　　在此觀想清楚便能成就虛空藏菩薩的本尊觀。

　　9.清楚觀想虛空藏菩薩，接著練習廣觀與斂觀的修法。

　　10.觀想虛空藏菩薩漸次廣大，廣大如虛空一般；然後再漸次縮小，儘可能的小，小到極致之後，然後再觀想等同自身一般大小，自身現成就是虛空藏菩薩。

　　11.接著練習我們的身體與虛空藏菩薩的身體相融，這是身體的相印；然後心念與思慮專心誠意，沒有雜念妄想，與虛空藏菩薩的心意相應；在心中誦持虛空藏菩薩的咒語，這是語言的相應。讓我們的身體、語言、心意與虛空藏菩薩的身體、語言、心意相應。

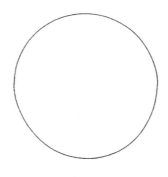

1. 自心中觀想一輪滿月

2. 月輪上現起訖利字

3. 訖利字化成一朵大寶蓮花

4. 蓮花上現阿字

虛空藏菩薩的觀想方法(一)

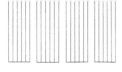
台北郵政第26～341號信箱

普月文化有限公司

姓名：

地址：

市

縣　　鄉鎮

　　　市區

請寫郵遞區號………………

路（街）　段　巷　弄　號　樓

普月文化有限公司
讀者回函卡

請將此回函卡寄回，我們將不定期地寄給您最新的出版資訊與活動。

購買書名：＿＿＿＿＿＿＿＿＿＿＿＿＿＿＿＿＿＿＿＿＿＿＿＿

購買書店：＿＿＿＿＿＿＿＿＿＿＿＿＿＿＿＿＿＿＿＿＿＿＿＿

姓　　名：＿＿＿＿＿＿＿＿＿＿＿＿　性　　別：□男　□女

住　　址：＿＿＿＿＿＿＿＿＿＿＿＿＿＿＿＿＿＿＿＿＿＿＿＿

E-mail：

連絡電話：(O)＿＿＿＿＿＿＿＿＿＿　(H)＿＿＿＿＿＿＿＿＿＿

出生年月日：＿＿＿＿＿＿＿年＿＿＿＿＿＿＿月＿＿＿＿＿＿＿日

學　　歷：1.□高中及高中以下　2.□專科　3.□大學　4.□研究所及以上

職　　業：1.□高中生　2.□大學生　3.□資訊業　4.□工　5.□商
　　　　　6.□服務業　7.□軍警公教　8.□自由業及專業　9.□其他＿＿＿
　　　　　職務：＿＿＿＿＿＿修持法門：＿＿＿＿＿依止道場：＿＿＿＿

本書吸引您主要的原因：

　　　　1.□題材　2.□封面設計　3.□書名　4.□文字內容　5.□圖表
　　　　6.□作者　7.□出版社　8.□其他＿＿＿＿＿＿＿＿＿＿＿＿

本書的內容或設計您最滿意的是：

＿＿＿＿＿＿＿＿＿＿＿＿＿＿＿＿＿＿＿＿＿＿＿＿＿＿＿＿＿＿

對我們的建議：

＿＿＿＿＿＿＿＿＿＿＿＿＿＿＿＿＿＿＿＿＿＿＿＿＿＿＿＿＿＿

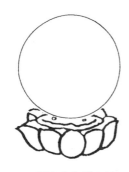

5. 阿字化為滿月輪

6. 月輪中現伊字

7. 伊字放射出光明，光明化成
如意寶

8. 如意寶變成虛空藏菩薩

虛空藏菩薩的觀想方法㈡

12. 與虛空藏菩薩相應後，我們自身與虛空藏菩薩完全相融一如。

13. 練習完，將修法功德先迴向給所有法界一切眾生成就無上圓上的境界，再作個人的特別迴向。

下坐時，於日常生活中，如果可以儘量保持自身就是虛空藏菩薩，身體的一切行為，口中所講的一切言語，心中的一切思惟，都要學習與虛空藏菩薩的身體、語言、心意相同，如此才能真切地獲得虛空藏菩薩更殊勝的加持。

供奉虛空藏菩薩
的地方

　　通常我們對佛菩薩都有一種敬畏，在無形之中與佛菩薩也形成一種距離，其實這是不需要的，為了拉近我們與虛空藏菩薩的距離，希望虛空藏菩薩可以跟我們如心隨護的加持我們，我們可以在家中或是工作的場所，佈置一個適合虛空藏菩薩居住的地方。當我們準備好一個適合虛空藏菩薩居住的空間，虛空藏菩薩定會很樂意到來的。

居家

　　家中如果有設置佛堂的空間，可以安置虛空藏菩薩的塑像或圖像，盡自己所能來莊嚴，然後每天恭敬供養，如果沒有獨立的空間或不方便，則可方便安置在書桌上，屬於個人小小的禮佛空間，簡單明淨即可。

　　有些講法認為臥房中不可安置佛像，如果家中沒有足夠的空間，也只好安置在房間，畢竟只要心懷虔敬，有一個可以禮拜虛空藏菩薩地方，還是比較重要的。

　　最簡便的是用一個精美的相框，安裝一張自己喜愛的虛空藏菩薩法相，每天上香、供水即可。如果是一個單獨禮佛的空間，則可以盡自己所能來莊嚴佈置。

這是我私人小小
禮佛的空間

辦公室

　　我們一天最重要時光，都在工作場所度過，如果虛空藏菩薩也可以守護工作中的我們，那就真是太好了。

　　當然我們也要記得祈請虛空藏菩薩幫忙，因此我們可以在辦公桌上放一張虛空藏菩薩的尊像，隨時提醒我們不要忘記虛空藏菩薩。

　　當我們工作壓力太大時，或是遇到重大事件不知如何處理時，看到虛空藏菩薩的法相，也會提醒我們，虛空藏菩薩正在守護著我們。因為一般而言，常常是虛空藏菩薩憶念我們多，而我們憶念虛空藏菩薩少。

　　這時，我們的緊繃心情就開始放鬆了，壓力就開始減輕了，讓我們更加容易將問題解決。所以，放置虛空藏菩薩的法相在辦公的

地方，可以隨時提醒我們要時時憶念虛空藏菩薩。

　　如果有個人專屬的辦公室而又方便的話，可在辦公室清淨處安置一個小佛堂。如果辦公室不方便上香，則上下班時合掌禮敬即可，有時可以供一小盆花，不但可以供養虛空藏菩薩，也可增加工作的氣氛。

 ## 讓自己的心成為虛空藏菩薩的家

　　我們也可以隨時攜帶虛空藏菩薩的尊像在身上，遇到問題時，能夠即時取出尊像祈請虛空藏菩薩特別守護。

　　當然，最好就是請虛空藏菩薩住在我們的心裡，心中想著功德廣大如虛空的虛空藏菩薩，讓自己的心能夠成為虛空藏菩薩的家，如

讓自己的心成為
虛空藏菩薩的家！

此我們與虛空藏菩薩時時相即相隨，永遠隨時隨地都能得到他的守護。

同時，正因為要祈請虛空藏菩薩住在我們的心中，所以我們會自然的漸漸淨化自己的心，慢慢的我們也會有所改變，心念、行為改變了，看外界的眼光不同了，外境也跟著改變了，善緣善念增強，行事自然順心，這不就是虛空藏菩薩對我們最好的、最有保障守護嗎！

第 *4* 章　有求必應的
守護秘法

增長記憶力的秘法

現代的生活讓我們產生很多緊張和壓力，常常忘東忘西，生活步調的緊湊與繁亂也讓健忘常常伴隨著現代人。

屬虎的人如果有這一類的困擾，虛空藏菩薩有一個很簡單的方法，能讓我們增長記憶力，不再健忘。

練習這方法的時間，要選擇在夜晚修，先洗澡沐浴乾淨，穿上乾淨的衣服。

再來，要點沉香，然後對一切眾生發起慈悲心(因為菩薩的發心都很廣大，所以在修法上會發起對眾生的慈悲心，我們只要跟隨著發心即可)。

接著我們面向東方，很誠心的合掌，稱誦虛空藏菩薩的名號，然後念以下的咒語：

阿禰邏闍鞞鈐浮婆闍鞞耶婆奈闍鞞　博廁婆迷波吒邏闍鞞他奈婆邏鞞　薩多羅伽邏泥休磨休磨　摩訶伽樓尼迦　娑婆呵

在自己的時間許可範圍，真言念誦越多越好。

練習這個方法，虛空藏菩薩會特別加持守護我們增強記憶力。

 ## 過目不忘的求聞持法

虛空藏菩薩有一個特別有名的方法——求聞持法。

聞持法是指能夠長久記憶不忘的修持方法，虛空藏菩薩似乎對記憶力有其獨到之處。日本很流行修持這個方法，像空海大師尚未到

中國前，很勤奮的修持這個法門，非常的有感應。

　　這是一種佛教的修法，所以這個方法非常宗教性，也比較複雜，由於這方法太出名了，在此還是把方法介紹出來，讓有性趣增長記憶力的肖虎的朋友，能夠跟著修習，增加自己的記憶力。

　　這個求聞持法是出自《虛空藏菩薩能滿諸願最勝心陀羅尼》，佛陀在此經中宣講能滿諸願虛空藏最勝心陀羅尼。陀羅尼為：

　　南牟　阿迦捨　揭婆耶　　唵　麼哩
　　nama　ākāśa　garbhāya　oṁ　māli

　　迦麼唎　慕唎　莎嚩訶
　　kamali　māuli　svāhā

步驟1：畫虛空藏菩薩像

選一張乾淨的紙或布，先畫一個尺寸大於一尺的圓滿月輪，月輪中央描畫出虛空藏菩薩像，大小比例適中。

如果你已經很久沒有拿筆畫圖，沒有把握畫虛空藏菩薩像，比較簡易的方法是：你可以影印一張白描的虛空藏菩薩像，襯在紙的下方，用毛筆或你熟悉使用的工具，描繪出莊嚴的虛空藏菩薩。

虛空藏身金色，在寶蓮花上單盤而坐，右腿在上，左腿在下，容顏非常的微妙殊勝，臉上的表情充滿了喜悅。

頭上戴著安有五方佛的寶冠，這是一種菩薩戴的帽子，五方佛是指：毗盧遮那佛，阿閦佛，寶生佛，阿彌陀佛，不空成就佛。

103

虛空藏菩薩左手持著白蓮花，白蓮花的白色是白裡透紅，在花台上有如意寶珠，如意寶珠是吠琉璃色放射出黃色的光芒。

右手結與願印，與願印是五根手指頭向下垂，掌心向外。

步驟2：製作壇城

壇城是指佛菩薩住的地方。我們在佛堂或選擇一個合宜安靜的淨室，放置虛空藏菩薩的莊嚴法像，法像要面向正西方或正北方，再用乾淨的布覆蓋法像。

然後做一個方型的木板曼陀羅，曼陀羅即是壇城的梵文，尺寸為一個手肘長，在壇城的下方做四隻腳，腳約四指的長度，這木板的材質以使用沉木或檀木為佳，如果沒有這些材質，則選擇帶有香氣的木頭為佳。

我描了一張
虛空藏菩薩像了！

步驟3：準備供品

在自己的能力範圍盡量準備供品，經典中指名要五種供養，即：塗香、鮮花、燒香、飲食、燈五種供品。

塗香是指香水、精油，經中是寫白檀精油，假若沒有白檀精油，以其他精油、香水代替亦可。

鮮花則是當季的花即可。

燒香以沉香、檀香、龍腦香等。

飲食則指水果或餅乾等。

燈則指酥油燈或蠟燭。

步驟4：清淨身體

準備供品前，必須先清潔盥洗乾淨，凡是修法前一定要梳洗乾淨。

步驟5：飲淨水

　　修法前先飲淨水。飲水有特別的方法，是以結手印的雙掌接盛淨水。手印是：雙手合掌，兩手的大拇指與食指相捻，如捻香一般，這個印是虛空藏菩薩如意寶珠成辦一切事印。

　　接盛淨水然後持陀羅尼三遍，然後再將水飲盡。

步驟6：灑淨水

　　以同樣的手印盛水，誦持陀羅尼三次，在將水灑頂淨身，將身體內外一切清淨。

步驟7：進入道場

　　來到虛空藏菩薩像前至心禮拜，然後面向虛空藏菩薩單盤而坐，在揭去覆蓋在法相上的布。

步驟8：護身

結護身手印。

護身手印是：舉起右手，然後以食指與大拇指相捻，像捻香一樣，食指第二節彎曲，第一節盡量打直。

將手印放在頭頂上誦持陀羅尼一遍，接著放在右肩誦一遍真言，然後左肩、心、喉等部位都誦持一遍陀羅尼。

一切的佛陀即虛空藏菩薩，加持我們，我們的一切罪業都全部消除，身體與心理全部都獲得清淨，福德與智慧增長，一切諸魔都不能入侵。

步驟9：加持供物

再結護身手印，盛淨水，誦持陀羅尼一遍。

護身是結手印於頭頂、右肩、左肩、心、喉等處誦持陀羅尼一遍

　　首先，將淨水灑淨「塗香」的供品、壇城
及靠近壇城附近的位置，再結護身手印，放在
「塗香」的供品上方，誦持一遍陀羅尼。然
後，其餘的供品都依次用同樣的方法清淨，如
此一來，所有的供品都清淨了。

步驟10：結界

　　簡單的說結界是劃定某一區域，作為修法
之用。

　　在此結界的方法是：手結護身手印，然後
右轉三圈，再指上方與下方，身體保持不動，
念誦陀羅尼七遍，隨著自心想一個範圍來結
界。

步驟11：本尊觀

　　閉上眼睛，端坐想著，真實虛空藏菩薩與

我們所畫的虛空藏菩薩像沒有差別。當著胸口手結護身印迎請虛空藏菩薩，誦持陀羅尼二十五遍。

再將大拇指往裡面勾招一遍，食指保持不變，誦念陀羅尼三遍。

接著觀想虛空藏菩薩前來安坐在畫上的蓮花座上，我們張開眼睛看見虛空藏菩薩，心中感到非常的稀有，認為這就是虛空藏菩薩本尊。

步驟12：迎請

接著再誦念真言三遍，手結護身印，心中想著，虛空藏菩薩前來此地，都是因為陀羅尼的威力，並不是自己個人能力所及，希望虛空藏菩薩暫時住在此地。

步驟13：五種供養

　　拿塗香誦持陀羅尼一遍，用塗香噴灑、塗
抹壇城。然後取鮮花誦陀羅尼一遍，將花散佈
於壇城上。

　　燒香、飲食、燈明都是同樣的方法。手持
供養物，誦持一遍真言後，將供養物放置在壇
城邊，心中想著：一切佛菩薩都是由福德智慧
薰修而出生，香、花一切珍寶，都非常的漂亮
美好。

步驟14：普遍供養

　　結前面的手印，誦持陀羅尼一遍，觀想方
法和前面一樣。所有的供養物品都已經準備
好，將之供養一切如來菩薩，以這樣的心意
來供養。如果沒辦法準備塗香等供養物次第供

養，或以觀想的方法供養也可以。

步驟15：念誦

　　結手印拿念珠，持誦陀羅尼，一面持真言一面閉上眼睛觀想，要清楚知道自己念誦的次數。

　　首先觀想虛空藏菩薩心中有一輪如中秋夜的圓明月輪，陀羅尼真言的梵字出現在月輪上，布滿整個月輪，這梵字真言全部是金色，也就是明亮的月亮閃爍著金色的梵字真言。

　　金色的梵字真言再從滿月流出，流注進我們的頭頂，我們仍然持誦著真言，因此，流注頭頂的金色梵字真言，就從嘴巴流出，再進入虛空藏菩薩的足部，好像我們向虛空藏菩薩的足下發言。

　　如此，我們持續不斷誦持著真言，所觀想的金色梵字真言循環往來相續不斷，如同車輪

113

觀想菩薩心上有一輪滿月

月輪上佈滿真言字

月輪中的真言流注於頭頂

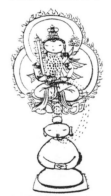

再從口出而入於菩薩的足部

15.念誦的步驟

一般的轉動不停。

　　就這樣持續不斷，當身心感到疲憊時，則停止稍作休息。要休息時，先至誠瞻仰虛空藏菩薩法相，然後恭敬禮拜，休息片刻。

　　休息完繼續閉上眼睛觀想虛空藏菩薩，非常的清楚明晰。

步驟16：虛空藏菩薩的廣大觀想與微小觀想

　　這步驟是觀想很大很大的虛空藏菩薩與很微小的虛空藏菩薩。

　　專心觀想虛空藏菩薩的身像，然後觀想虛空藏菩薩越來越大，從原先的尺寸慢慢變大，慢慢想，像一層樓高，二層樓高，越來越大。像大樓一樣高，像所居住的城市一樣大，樣自己的國家那麼大，像所居住的洲那麼大，像地球那麼大，像太陽系那麼大，像宇宙那麼大，

無盡的廣大。看你能想多大就盡可能的大。

再來是微小的觀法,慢慢觀想虛空藏菩薩的尺寸變小,小到原來的尺寸,再繼續變小,像綠豆那麼小,像芝麻一樣小,像針頭一樣小,虛空藏菩薩仍然清清楚楚,

再極盡可能的觀想微小。

最後再觀想回原來的尺寸,結束這個觀想方法。

步驟17:奉送虛空藏菩薩

再結前面的手印,持誦陀羅尼三次,將結印的大拇指舉起奉送虛空藏菩薩,心中想著:願虛空藏菩薩歡喜佈施法事,祈願再度垂降加持。

接著誦持陀羅尼,隨自己的能力,決定一天誦持一遍或兩遍,但是第一天修幾遍往後的

修法次數都要相同，不能增加或減少，前後計滿一百萬遍，才能結束計數，也沒有時間的限制，但是從開始修法時，要每天持續修持，不要有間斷。

 ## 修法成就的徵相

滿百萬遍後，可做以下的修法，來檢驗自己的修法成就。

在滿百萬遍之後日蝕或月蝕的日子，隨自己的能力以飲食、財物，供養佛、法、僧三寶。在戶外乾淨的地方修法，將虛空藏菩薩法相及壇城移出。

準備好奶油一兩，加熱好放在銅器中，再準備會流乳汁的樹葉七枚以及樹枝一根，放置在壇城邊，鮮花、香等供養物比平常修法多幾倍。

117

　　供養的方法像前面的修法一樣，供養完畢，拿前面的樹葉重新布置於壇城中，再於葉子上放奶油器具，結手印誦真言三次，加持清淨奶油。再以樹枝攪拌奶油，同時眼睛看著日蝕或月蝕並看著奶油，誦持真言越多越好。

　　接著在日月蝕剛退，而日或月尚未完全現前時，觀察奶油出現三種成就的徵相中的哪一種。

　　第一種是氣，為下品徵相；第二種是煙，為中品徵相；第三種是火，為上品徵相。不論是哪一種徵相，都是成就之相。假若有這些徵相出現，這奶油也變成靈丹了。

　　如果吃了這奶油，則能獲得智慧，聞持法成就。也就是說，一但經過耳聞或是看過的東西或文章，其義理都能了解，而且過目不忘，其他的福德利益更是無法計算。

如果月亮或太陽完全現出了，仍然沒有出現以上任何一種徵兆，則表示修法沒有成就。更應該從頭再修法練習，甚至修法七次，縱然有極大的障礙，都可以銷融，則修法便能成就。

　　以上是非常有名的虛空藏菩薩的聞持法，過程非常的複雜，有興趣者也可以練習。

懺除罪業的秘法

在日常生活中，常常諸事不順，手邊的工作常常遇到障礙，煮熟的鴨子不知道為何就飛了，總總意想不的麻煩事都會出現，我們可藉由修持虛空藏菩薩懺罪法來清淨長久以來的罪障，使障礙消除，讓我們一切吉祥。

這個方法是依據《觀虛空藏菩薩經》而成，經中記載，我們的罪障與罪業，可以經由修持這個方法而得到業障清淨，或是清淨我們長久以來的業障。

 觀修方法

首先我們以慚愧心，以最深的禮敬心，來

禮敬救世大悲的三十五佛。

　　一天甚至七天，都要禮敬十方諸佛，稱念三十五佛的名號。

　　三十五佛的名號如下：

釋迦牟尼佛　金剛不壞身佛　寶光佛

龍尊王佛　精進軍佛　精進喜佛

寶火佛　寶月光佛　現無愚佛

寶月佛　無垢佛　離垢佛

勇施佛　清淨佛　清淨施佛

娑留那佛　水天佛　堅德佛

栴檀功德佛　無量掬光佛　光德佛

無憂德佛　那羅延佛　功德華佛

蓮華遊戲神通佛　財功德佛　德念佛

善名稱功德佛　紅炎幢王佛　善遊步功德佛

鬥戰勝佛　善遊步佛　周匝莊嚴功德佛

寶蓮遊步佛　寶蓮華光善住娑羅樹王佛

　　稱念三十五佛名號後，再稱念大悲虛空藏菩薩的聖名。

　　清淨澡浴身體後，點優質的香，如堅黑沈水。等待夜晚明星出現時，長跪雙手合掌，悲泣雨淚，稱念虛空藏菩薩的名號，祈請菩薩說：「大德！大悲菩薩！請愍念我，請為我現身。」

　　同時，開始觀想虛空藏菩薩。

　　在虛空藏菩薩的頭上有如意珠，這如意珠為紫金色，如果見到如意珠即見天冠，在此天冠中，有三十五佛示現在其中，而如意珠中則有十方佛像示現。

　　虛空藏菩薩身長為二十由旬，若示現大身則與觀世音菩薩等同大小。虛空藏菩薩結跏趺雙盤而坐，手拿著如意珠王，其如意珠能演示眾妙法音。

如果虛空藏菩薩憐愍眾生的緣故，示現為比丘像及一切色像。假若在夢中，或是坐禪時，以摩尼珠印印修持者的手臂，印文上有除罪的字樣，或是空中出現聲音說：「罪滅罪滅。」或是夢見虛空藏菩薩告之說：「罪業清淨」等，都是因為修法而清淨了過去的罪業象徵。

　　這是虛空藏菩薩教我們懺除罪業的秘法。

求得智慧音聲的祕法

　　如果我們想要求取智慧，可以持誦虛空藏菩薩的名號或是真言。經典中並沒有記載要誦念幾遍，當然是越多越好，可以開啟我們的智慧。

　　如果音樂人想要獲得完美的聲音，除了一般聲音訓練的方法之外，在加上誦持虛空藏菩薩的名號或真言，可以獲得第一完美的音聲。

平安生產的祕法

　　假若有產婦面臨難產時，在一旁看護的人，如果能夠誠信的誦念虛空藏菩薩的真言，虛空藏菩薩會聽到真言而來到產婦面前，幫助產婦平安生產。

　　光是在旁幫助誦念真言就有這樣的功德，如果產婦能夠自行誦念虛空藏菩薩的真言，其功德更是不可思議。

　　對於這樣的事情，如果有人不相信，認為這是虛妄不可能的事情，那麼，虛空藏菩薩回應是發誓不成就佛果。但是，不相信的人也因為這個因緣，在一世、二世之後才能得到救度，但是最後還是得到救度。

所以當婦人懷孕時，可以天天誦念，時時誦念虛空藏菩薩的真言，不僅幫助生產順利，而且說不定生一個功德如同虛空藏菩薩一般廣大的寶寶，這樣的投資報酬率實在太好了。

除去賊難的祕法

　　為什麼誦念虛空藏菩薩的真言，可以免除盜賊的加害？因為在《大集大虛空藏菩薩所問經》記載，曾經有五百個男子將遭到盜賊加害的時候，他們異口同聲說：「南無大虛空藏菩薩。」說完時，虛空藏菩薩化現出五百個人，告訴盜賊們說：「寧可殺了我們，放了其他五百人吧。」說完，盜賊們立刻殺掉五百個化人，而那五百個男人得以逃過一劫，恐懼全部都除去。

　　所以，如果我們處在外頭不熟悉的任何環境時，心中生起害怕恐懼感，這時我們誦念虛空藏菩薩的真言或名號，虛空藏菩薩會除去我們心中的恐懼，讓我們的心情得到安穩。

增進人際關係的秘法

　　如果我們想要增長自己的人際關係，改善自己與其他朋友間的關係，更受人敬愛、友好，可以誦念虛空藏菩薩的咒語或名號。

　　虛空藏菩薩的咒語或名號誦得越多越好，等到咒語的數量累積到一個程度，你會發現自己的人緣變好了，很多朋友都對自己很友善，與同事朋友間的相處更融洽，而且受人尊敬愛戴。

　　所以，選擇一段時間固定念誦，或是整天心中都默念著菩薩的聖號，在晚上睡覺前，將今天誦咒的功德全部迴向讓自己的人際關係增長。

　　那麼，與眾人和樂融融的日子，就指日可待了！

求取各種資源的秘法

　　虛空藏菩薩廣大如虛空的功德，會從虛空中雨下各種資源福德。因此，想要祈求獲取各種資源，誦念虛空藏菩薩的咒語是再好不過了。

　　因此我們誦念虛空藏菩薩的名號或咒語，越多越好，誦念後迴向取得各種資源。

特殊日子的守護祕法

 ## 虛空藏菩薩的生日

在屬於虛空藏菩薩的特別日子裡，我們可以作一些特別的事，來加強我們與虛空藏菩薩的關係。

農曆二月十九日是虛空藏菩薩的聖誕，我們一般人在生日這一天，總是為自己舉行一些慶祝的活動，因此，我們也可以在虛空藏菩薩聖誕的日子裡，舉行特別的活動來感謝虛空藏菩薩對我們的殷勤守護。

除了買一些供品拜拜之外，在這一天我們可以多多誦念虛空藏菩薩的真言，或是抄寫經

文，或練習虛空藏菩薩的觀想方法，讓自己如同虛空藏菩薩一般在這一天新生，給自己一個等同虛空藏菩薩無異的新生命，使自己與虛空藏菩薩緊密的結合。

　　而在這樣的日子裡修法，不但更具有意義還可得到菩薩慈悲的親切守護。

虛空藏菩薩的日子

在「三十日佛」中屬於虛空藏菩薩的日子是十三日，「三十日佛」是中國五代的一位禪師，將一個月以三十日配三十尊佛菩薩名號，來供念誦之用。

因此我們可以固定每月的十三日，做為我們修習虛空藏菩薩法門的日子，養成每月至少在這天持續的持誦虛空藏菩薩的名號或真言，感念虛空藏菩薩的守護，讓忙碌的自己，每月抽出一天，記得這一天，時時刻刻持誦虛空藏菩薩的真言。

如果這一天剛好是休假日，或特別安排這天休假來專修虛空藏菩薩，是非常殊勝吉祥的。我們可以先告知家人或室友這一天的計畫，請他們配合，完成自己的計畫。

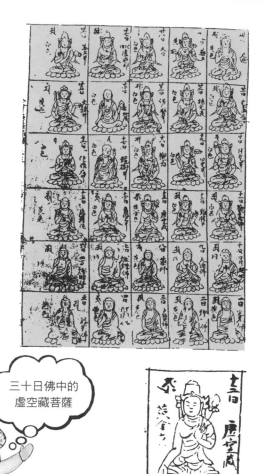

三十日佛中的
虛空藏菩薩

　　在這個專屬我們與虛空藏菩薩的特別日子裡，我們可以照以下的次第修法。

　　1. 修法前梳洗乾淨，在一個安靜的幽室，來修持虛空藏菩薩的法門。

　　2. 在修法的地方，先安置好虛空藏菩薩的法相，點一枝香，雙手合掌恭敬禮拜虛空藏菩薩，接著三頂禮，起身後問訊。

　　3. 然後坐著思惟虛空藏菩薩的慈悲、智慧，及種種廣大的功德。

　　4. 將虛空藏菩薩的莊嚴圓滿的身相，及偉大的功德，全部都清清楚楚地烙印在自己心中。

　　5. 想像從虛空藏菩薩的心中，放射出無盡無量的光明，這光明非常的明亮，像千百億個太陽所聚集的光明一樣亮，光明如同彩虹一般，

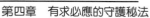

光明就像水晶一樣的溫潤、溫暖的注照著我們。

6. 我們的煩惱、疑惑、無知，以及身體的病痛都銷融在虛空藏菩薩的光明之中，我們的眼睛清淨了，耳多清淨了，鼻子清淨了，舌頭清淨了，整個身體清淨了，從口中所造的惡業也清淨了，連我們的心念都清淨了。

7. 光明不斷的注照著我們，虛空藏菩薩增長了我們的慈悲心，智慧和福德也不斷的增長著。

8. 我們用這樣的身心狀態，開始稱念虛空藏菩薩的真言，或是稱念南摩虛空藏菩薩，就如此誦念著，越多遍越好。

9. 依自己的時間狀況，例如這一天只有一小時可以修法，就利用這一小時專心持咒，修完之後迴向，然後結束修法。如果時間比較

長，則修法一小時後，稍做休息再繼續修法。

　　如果可以在每個月的這一天，精進修法，必然能增長自己的生命能量，增加自己的智慧與功德。

自己的生日

在長尾巴的日子裡，除了吃蛋糕的生日party外，修習虛空藏菩薩的法門，象徵著自己的新生，讓自己的生命能夠如同虛空藏菩薩一般，然後將修習的功德迴向給養育我們的父母，這是感謝父母的最好方法之一。

也就是在修法完畢之後，雙手合掌默念，祈願將這一次的修法功德迴向給父母，希望他們長壽健康，也能夠受到虛空藏菩薩的加持守護或圓滿他們的心願。

同時，將自己的祈願在這時說出，然後觀想虛空藏菩薩很高興的答應自己的請求。

祈請為朋友守護的日子

　　親人或是朋友生病時，心情總是憂傷悲悽的，總是希望自己能為他們做些什麼。除了必要的醫療看護工作外，我們可以特別為他們修法。也就是將自己誦念真言或抄經等等的功德，迴向給病人，祈願虛空藏菩薩加持守護某某早日健康，身心吉祥安樂，並觀想虛空藏菩薩在病人的頭上放光加持，病人非常的喜悅，身心充滿能量。

　　我們幫病人修法，病人也會因為我們的修法而身心感覺比較舒適與輕安。

實用御守護

隨身帶著虛空藏菩薩的法相

將虛空藏菩薩的法相隨身攜帶，當心情不好或是遇到難題無法解決時，就可以對著虛空藏菩薩的法相，訴說自己的心情與難處，思索虛空藏菩薩會如何處理這問題。

當我們如此思惟時，虛空藏菩薩會及時加持我們，讓我們的頭腦變得比較清楚，能夠清楚的看出問題所在，如此一來，我們的心就慢慢的開了，能夠用更寬廣的角度與心態面對問題，無形中問題便迎刃而解。

也可以將虛空藏菩薩法相置於頭上，然後

在心中默念虛空藏名號或咒語二十一遍，祈請虛空藏菩薩加持我們，然後將法相置於心輪（兩乳中央的位置），觀想虛空藏菩薩收於心輪，再將法相收起來。

隨時想到就拿出法相來看，就好像思念母親一樣，端詳著法相，在這樣的瞻仰中，虛空藏菩薩的能量就會傳遞給我們，加持我們，增加我們的生命能量。

觀看虛空

虛空藏菩薩的智慧功德就像虛空一樣廣大無盡，所以，當我們眼睛觀看著虛空時，就像瞻仰著虛空藏菩薩，虛空藏菩薩也是再這時同步加持我們，虛空藏菩薩就如同虛空一般，隨時守護著我們。

百年生肖御守護

虛空藏菩薩	虛空藏菩薩	文殊菩薩	普賢菩薩	大勢至菩薩	大日如來	不動明王	阿彌陀佛	
鼠	牛	虎	兔	龍	蛇	馬	羊	猴	雞	狗	豬
1900	1901	1902	1903	1904	1905	1906	1907	1908	1909	1910	1911
1912	1913	1914	1915	1916	1917	1918	1919	1920	1921	1922	1923
1924	1925	1926	1927	1928	1929	1930	1931	1932	1933	1934	1935
1936	1937	1938	1939	1940	1941	1942	1943	1944	1945	1946	1947
1948	1949	1950	1951	1952	1953	1954	1955	1956	1957	1958	1959
1960	1961	1962	1963	1964	1965	1966	1967	1968	1969	1970	1971
1972	1973	1974	1975	1976	1977	1978	1979	1980	1981	1982	1983
1984	1985	1986	1987	1988	1989	1990	1991	1992	1993	1994	1995
1996	1997	1998	1999	2000	2001	2002	2003	2004	2005	2006	2007
2008	2009	2010	2011	2012	2013	2014	2015	2016	2017	2018	2019

141

生肖
御
守護

虛空藏菩薩

 寫給虛空藏菩薩的祈願

 迴向

今天我誦持了_____遍咒語　累計_____遍
日　期：_____年_____月_____日

寫給虛空藏菩薩的祈願

 迴向

今天我誦持了＿＿＿＿＿＿遍咒語　累計＿＿＿＿＿＿＿遍

日　　期：＿＿＿＿＿＿年＿＿＿＿＿＿月＿＿＿＿＿日

寫給虛空藏菩薩的祈願

 迴向

今天我誦持了_____遍咒語　累計_____遍

日　期：_____年_____月_____日

寫給虛空藏菩薩的祈願

 迴向

今天我誦持了＿＿＿＿＿遍咒語　累計＿＿＿＿＿＿遍

日　　期：＿＿＿＿＿年＿＿＿＿＿＿月＿＿＿＿＿日

145

寫給虛空藏菩薩的祈願

 迴向

今天我誦持了_____遍咒語　累計_____遍

日　期：_____年_____月_____日

寫給虛空藏菩薩的祈願

 迴向

今天我誦持了＿＿＿＿＿＿遍咒語 累計＿＿＿＿＿＿＿遍

日 期：＿＿＿＿＿＿年＿＿＿＿＿＿＿月＿＿＿＿＿＿日

寫給虛空藏菩薩的祈願

 迴向

今天我誦持了_____遍咒語　累計_____遍

日　期：_____年_____月_____日

寫給虛空藏菩薩的祈願

 迴向

今天我調持了＿＿＿＿＿＿遍咒語　累計＿＿＿＿＿＿＿遍

日　期：＿＿＿＿＿＿年＿＿＿＿＿＿＿月＿＿＿＿＿＿日

寫給虛空藏菩薩的祈願

 迴向

今天我誦持了_____遍咒語　累計_____遍

日　期：_____年_____月_____日

感謝虛空藏菩薩的守護

廣大如虛空的虛空藏菩薩，

感謝菩薩守護肖虎者，

像虛空般守護我們的虛空藏菩薩，

隨時傾下慈悲智慧的法雨，

日日平安吉祥。

南無　虛空藏菩薩

生肖御守護03

虎生肖守護者——虛空藏菩薩

編著：五　明

發行人：黃紫婕

責任編輯：吳霈媜　劉詠沛

美術設計：Mindy

插畫：德　童

出版者：普月文化有限公司

台北市松江路69巷10號5F

永久聯絡地址：台北郵政26-341號信箱

電話：(02) 2503-3006

傳真：(02) 2508-1733

郵政劃撥：18369144　普月文化有限公司

行銷代理：紅螞蟻圖書有限公司

台北市內湖區舊宗路二段121巷28之32號4樓

電話：(02) 2795-3656　　傳真：(02) 2795-4100

定價：150元

初版：2007年1月